Is liomsa an leabhar seo:

_____

Leagan do pháistí 4 – 7 é seo

An leagan Béarla
© *Ladybird Books Ltd, MCMXCVIII*
Gach ceart ar cosaint
An leagan Gaeilge
© Foras na Gaeilge, 2000
Athchló 2008

ISBN 978-1-85791-372-9

Printset & Design Teo. a chuir suas an cló i mBaile Átha Cliath.

Le fáil ar an bpost uathu seo:

An Siopa Leabhar,   *nó*   An Ceathrú Póilí,
6 Sráid Fhearchair,   Cultúrlann Mac Adam–Ó Fiaich,
Baile Átha Cliath 2.   216 Bóthar na bhFál,
ansiopaleabhar@eircom.net   Béal Feirste BT12 6AH.
                                        leabhair@an4poili.com

Orduithe ó leabhardhíoltóirí chuig:
Áis,
31 Sráid na bhFíníní,
Baile Átha Cliath 2.
eolas@forasnagaeilge.ie

An Gúm, 24-27 Sráid Fhreidric Thuaidh, Baile Átha Cliath 1

An Chircín Rua

Graham Percy *a mhaisigh*

Treasa Ní Ailpín *a rinne an leagan Gaeilge*

 A̶n Gúm

Baile Átha Cliath

An chruithneacht

An madra

An cat

An plúr

An Chircín Rua

An francach

An t-arán

'An gcabhróidh sibh liom an chruithneacht a chur?' arsa an Chircín Rua.

'Fan go fóill,' arsa an francach, an cat agus an madra.

'Déanfaidh mé féin an chruithneacht a chur,' arsa an Chircín Rua.

8

'An gcabhróidh sibh liom an chruithneacht a bhaint?' arsa an Chircín Rua.

'Fan go fóill,' arsa an francach, an cat agus an madra.

10

11

'Déanfaidh mé féin an chruithneacht a bhaint,' arsa an Chircín Rua.

'An gcabhróidh sibh liom an chruithneacht a mheilt?' arsa an Chircín Rua.

'Fan go fóill,' arsa an francach, an cat agus an madra.

'Déanfaidh mé féin an chruithneacht a mheilt,' arsa an Chircín Rua.

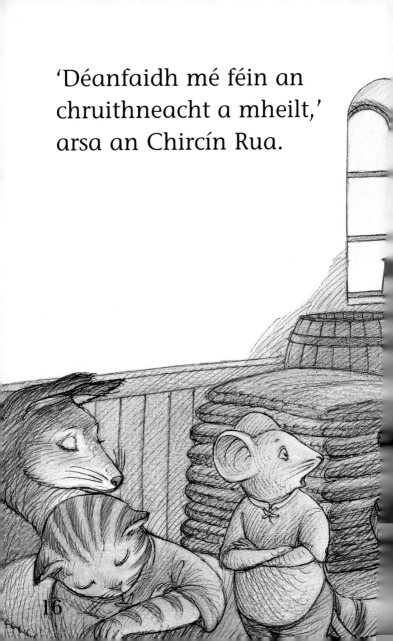

16

'An gcabhróidh sibh liom an t-arán a bhácáil?' arsa an Chircín Rua.

'Fan go fóill,' arsa an francach, an cat agus an madra.

18

19

'Déanfaidh mé féin an t-arán a bhácáil,' arsa an Chircín Rua.

21

'An gcabhróidh sibh liom an t-arán a ithe?' arsa an Chircín Rua.

'Cinnte,' arsa an francach, an cat agus an madra.

'Á!' arsa an Chircín Rua.
'Fanaigí go fóill.

Déanfaidh mé féin an t-arán
seo a ithe – gach pioc de.'

Maidir leis an tsraith seo leabhar

Leaganacha simplí de sheanscéalta atá sa tsraith seo leabhar a scríobhadh do pháistí atá ag foghlaim na léitheoireachta.

Oireann na leabhair seo do pháistí a bhfuil roinnt focal simplí ar eolas acu agus atá ábalta abairtí gearra a léamh cheana féin. Cuideoidh an t-athrá leo líofacht a bhaint amach sa léitheoireacht. Spreagfaidh na pictiúir spéis na bpáistí sa scéal agus cuideoidh siad leo an téacs a thuiscint.

De réir mar a rachaidh páistí trí na leabhair aithneoidh siad na focail agus na habairtí atá á n-athrá. Is féidir le duine fásta cuidiú leo trína n-aird a tharraingt ar thúslitreacha na bhfocal agus trí fhuaim na litreacha a dhéanamh dóibh. Foghlaimeoidh na páistí na fuaimeanna de réir a chéile.

Teastaíonn cuidiú agus spreagadh ó léitheoirí nua.